Introducción

Por nuestra parte, hemos conocido el amor que Dios nos tiene, y hemos creído en él. Dios es amor: el que permanece en el amor permanece en Dios y Dios en él. — 1 Juan 4, 16

¡Vayan, pues, y hagan que todos los pueblos sean mis discípulos! La misión que el Evangelio nos encomienda en Mateo 28, 19 resume el fundamento de la evangelización: la evangelización consiste en hacer discípulos. En su libro *Formación de Discípulos Intencionales*, Sherry Weddell nos ofrece una excelente oportunidad para reflexionar sobre este tema partiendo desde dos perspectivas diferentes. La primera perspectiva, que quizás es la más obvia, nos indica que los discípulos que se nos ha encomendado "formar" deben percibir su propio discipulado de manera intencional y deliberada. La segunda perspectiva, que es más sutil, nos presenta la oportunidad de reflexionar sobre nuestro propio discipulado. Sherry nos invita a considerar la realidad actual de la Iglesia Católica en los Estados Unidos y, al hacerlo, nos ofrece un punto de partida para analizar nuestro propio camino en la fe.

Esta pequeña guía de estudio se presenta como un recurso que puede utilizarse con grupos de formación para adultos. Lo que no debemos olvidar al embarcarnos en este viaje intencional es compartir la Buena Nueva sobre el amor que Dios nos tiene y su deseo de tener una relación íntima con nosotros.

Ximena DeBroeck, M.A.
Coordinadora de Formación Sacramental y de Adultos
Departamento de Evangelización, Arquidiócesis de Baltimore

Agradecimientos

Esta guía fue elaborada en colaboración con mis colegas de la División de Formación Catequética y Pastoral de la Arquidiócesis de Baltimore, a quienes quisiera expresarles mi gratitud por su contribución:

Dra. Lauri Przybysz, Coordinadora de Vida Matrimonial y Familiar

Ruth A. Puls, Directora de la División de Formación Catequética y Pastoral

Sor Sally Russell, CSJ, Coordinadora de Currículo y Formación Catequética

Julie St. Croix, Coordinadora de Liderazgo Pastoral

Capítulo 1

DIOS NO TIENE NIETOS

En este capítulo, Sherry analiza las alarmantes estadísticas que describen la realidad a la que se enfrenta la Iglesia católica hoy en día. ¿Qué realidad es esta? Un número creciente de adultos que se identifican como católicos ni siquiera entienden quién es Jesús, y mucho menos lo que significa seguirle como su discípulo. En la página 48, afirma:

> *Vivimos en una época de grandes desafíos y sorprendentes oportunidades. Millones de adultos occidentales buscan sentido y esperanza, y están al menos potencialmente abiertos a la fe católica. Al mismo tiempo, un gran número de católicos que se identifican como tales y de otros cristianos no están seguros de que una relación personal con Dios sea posible, ni de que Jesús sea Dios, ni de que esté realmente presente en la Eucaristía, y sus valores y decisiones lo reflejan. La mayoría de los católicos de Occidente están sacramentados, pero no evangelizados. No saben que estar adherido a Cristo de manera explícita y personal (el discipulado personal) es el catolicismo normativo, tal como lo enseñaron los apóstoles y lo reiteraron una y otra vez los papas, los concilios y los santos de la Iglesia.*

NOTAS

1. ¿Cuál es tu reacción inicial ante las estadísticas presentadas en este capítulo?

2. ¿Qué se entiende por "evangelización lejana", como la describe Sherry a partir de la página 33? ¿Puedes pensar en personas de tu vida que necesitan este tipo de evangelización?

3. Una encuesta realizada en 2020 reveló que el 56% de los católicos que asisten a Misa por lo menos una vez a la semana no creen que Jesús sea Dios. ¿Cómo afecta esto a los resultados del estudio Pew de 2019, que reveló que sólo un tercio de los católicos estadounidenses creen en la Presencia Real de Jesús en la Eucaristía?

4. ¿Qué es lo que más te ha llamado la atención al leer las estadísticas de otras naciones occidentales (fuera de Estados Unidos)? ¿En qué areas crees que Estados Unidos podría seguir las mismas tendencias?

Capítulo 2
NO SABEMOS LO QUE ES NORMAL

1. En las páginas 55–56 se describen tres itinerarios espirituales. ¿Qué son? ¿Los consideras por separado o crees que están relacionados entre sí?

2. Durante tu camino en la fe, ¿la formación que recibiste consideraba que estos itinerarios son independientes o que están relacionados entre sí?

3. Reflexiona sobre los valores "normales" que se presentan en las páginas 61–62. ¿Con cuál de estos valores te sientes más cómodo y cuál te resulta más difícil?

4. ¿Cuál ha sido tu experiencia con pequeños grupos intencionales de discípulos?

5. ¿Estás familiarizado con la palabra *kerigma* (página 67)? ¿Qué es?

6. ¿Qué recuerdas de la ocasión en la que escuchaste el *kerigma* por primera vez? ¿Qué es para ti el *kerigma*? ¿Por qué crees que el *kerigma* es una parte esencial en el camino de fe de un discípulo?

En este capítulo, Sherry presenta fragmentos del documento sobre el que se basaron los temas de conversación durante la reunión de obispos en el 2012 para tratar la Nueva Evangelización (el Sínodo sobre la Nueva Evangelización). Durante el sínodo, se enfatizó en múltiples ocasiones la importancia de tener una relación con Cristo y, por consiguiente, con el Padre y con el Espíritu Santo. La autora indica que esta relación supone tres itinerarios espirituales. La manera en la que vivimos y cultivamos estos itinerarios tiene un impacto directo en nuestro discipulado.

También se presenta el concepto de lo que se considera "normal". Sherry describe que lo que se percibe como algo "normal" puede estar distorsionado. Por ejemplo, hemos dejado de creer que es "normal" desear y tener una relación personal con Jesús.

NOTAS

Capítulo 3
EL FRUTO DEL DISCIPULADO

El discipulado es NORMAL. Sherry nos presenta la importancia del discipulado en la vida de la parroquia: "No importa cuántas instituciones apoyemos o cuánta actividad sucede en nuestra parroquia o nuestra diócesis, si no surgen discípulos intencionales regularmente de entre nosotros, nuestro ministerio no está produciendo su fruto más importante" (página 87).

Esto también aplica en nuestras vidas. No importa en cuántas actividades parroquiales participemos, si no somos discípulos intencionales, no produciremos muchos frutos.

NOTAS

1. Reflexiona sobre tu propio camino en la fe. ¿Te consideras un discípulo intencional? ¿Qué es lo que te ayuda o lo que evita que seas un discípulo de verdad?

2. En la página 72 se mencionan las vocaciones eclesiales. El término "vocación eclesial" es la forma más básica que indica un llamado que se vive en la Iglesia, mediante la Iglesia y por la Iglesia. ¿Qué crees que se puede considerar como una "vocación eclesial"?

3. ¿Crees que el matrimonio y la soltería se pueden considerar como "vocaciones eclesiales"? ¿Por qué?

4. ¿Por qué es importante el discipulado al discernir cualquier vocación?

5. Reflexiona sobre el siguiente pasaje:

> "…y tenemos carismas diferentes según el don que hemos recibido. Si eres profeta, transmite el conocimiento que se te da; si eres diácono, cumple tu misión; si eres maestro, enseña; si eres predicador, sé capaz de animar a los demás; si te corresponde dar, da con la mano abierta; si eres dirigente, actúa con dedicación; si ayudas a los que sufren, muéstrate sonriente. (Rom 12, 6-8)

Para ti, ¿qué son los "carismas"? ¿Has sido guiado en el camino de discernimiento de un carisma?

6. ¿Cómo se promueven y se fomentan los carismas en tu comunidad parroquial?

Capítulo 4
LA GRACIA Y LA GRAN CRUZADA

1. ¿Qué es para ti el concepto de "gracia" en los sacramentos?

2. Reflexiona sobre el siguiente pasaje:

   Jesús les dijo: "Si hay un lugar donde un profeta es despreciado, es en su tierra, entre sus parientes y en su propia familia". Y no pudo hacer allí ningún milagro. Tan sólo sanó a unos pocos enfermos imponiéndoles las manos. Jesús se admiraba de cómo se negaban a creer. (Marcos 6, 4-6)

   ¿Por qué crees que Jesús "no pudo hacer allí [en Nazaret] ningún milagro"?

3. ¿Cómo interpretas la expresión "el sacramento se encargará del problema"? ¿Qué crees que le falta a dicha expresión?

4. ¿Cuál es para ti la diferencia entre la "validez" y la "recepción fructífera" de un sacramento?

5. Piensa en la última vez que recibiste formación sobre los sacramentos. ¿Qué es lo que más recuerdas sobre esta experiencia? Después de leer este capítulo, ¿ha cambiado tu percepción sobre los sacramentos?

6. ¿Crees que toda la formación sobre los sacramentos debe impartirse antes de recibirlos? ¿Por qué?

Sherry presenta dos conceptos que han prevalecido en nuestra cultura católica: "el sacramento se encargará del problema" y "la Iglesia proveerá". Luego, invita al lector a pensar en la vida sacramental desde una nueva perspectiva.

Este capítulo nos invita a reflexionar sobre la disposición de la persona que recibe el sacramento. En la página 99 Sherry menciona:

> No es suficiente recibir un sacramento de manera pasiva. La gracia que recibimos está directamente relacionada con la fe personal, la expectativa espiritual y el hambre con la que nos acercamos al sacramento. Santo Tomás [de Aquino] describe cómo los adultos que han sido bautizados válidamente pueden recibir diferentes efectos de gracia o ninguno de ellos.

NOTAS

Capítulo 5

LOS UMBRALES DE LA CONVERSIÓN: ¿PUEDO CONFIAR EN TI?

En 1979, San Juan Pablo II escribió la exhortación apostólica sobre la Catequesis en Nuestro Tiempo (*Catechesi Tradendae*), que resumía las recomendaciones que se realizaron durante el Sínodo de los Obispos después de su reunión en 1977, cuando se congregaron para discutir el tema de la catequesis. El Santo Padre menciona:

> La finalidad específica de la catequesis no consiste únicamente en desarrollar, con la ayuda de Dios, una fe aún inicial, en promover en plenitud y alimentar diariamente la vida cristiana de los fieles de todas las edades… Más concretamente, la finalidad de la catequesis, en el conjunto de la evangelización, es la de ser un período de enseñanza y de madurez. (20) [énfasis añadido].

Es importante recordar que aunque la finalidad de la catequesis es llevar nuestra fe a la madurez, este no es un proceso simple. Sherry describe cinco umbrales o etapas que ocurren en el camino hacia el discipulado intencional y la fe madura. En este capítulo se discute el primer umbral: la confianza.

NOTAS

1. ¿Cuáles son los cinco umbrales de la conversión que se presentan en este capítulo?

2. ¿Estos umbrales se enfocan en conocer la fe? ¿Es posible tener un "amplio" conocimiento de la fe y no haber experimentado una conversión?

3. ¿Qué papel juega la confianza en el proceso de conversión y evangelización? ¿Qué significa exactamente el término "confianza"?

4. Piensa en una amistad cercana. ¿Cómo lograste tener una relación cercana con esta persona? ¿Cómo establecieron confianza entre ustedes? ¿Qué sucedió si en alguna ocasión alguno de los dos traicionó esta confianza?

5. Piensa en tu camino en la fe. ¿Hubo alguien que fue un "puente de confianza" para ti? ¿Has sido el "puente de confianza" para alguien más?

6. ¿Cuál crees que es la relación entre la confianza y el sinnúmero de católicos que han dejado de practicar su fe? Explica tu respuesta.

Capítulo 6
EL SEGUNDO UMBRAL: LA CURIOSIDAD

1. Después de haber leído este capítulo, ¿crees que la curiosidad es activa o pasiva? En otras palabras, ¿se trata de una búsqueda activa o de una curiosidad casual?

2. ¿Cuál es la relación que existe entre confianza y curiosidad?

3. Reflexionemos de nuevo sobre el pasaje del evangelio de San Juan:

   Al día siguiente, Juan se encontraba de nuevo en el mismo lugar con dos de sus discípulos. Mientras Jesús pasaba, se fijó en él y dijo: "Ese es el Cordero de Dios". Los dos discípulos le oyeron decir esto y siguieron a Jesús. Jesús se volvió y, al ver que lo seguían, les preguntó: "¿Qué buscan?" Le contestaron: "Rabí (que significa Maestro), ¿dónde te quedas?" Jesús les dijo: "Vengan y lo verán". (Juan 1, 35-39)

   Jesús invitó a sus discípulos a "venir y ver". En tu propio camino en la fe, ¿alguien te ha invitado a "venir y ver" o solo has recibido información sobre la fe?

4. ¿Eres el tipo de persona que invita a otros a "venir y ver" o te sientes más cómodo enseñando los dogmas de la fe?

5. Piensa en la diferencia entre percibir a Jesús como un "tema" de la formación de la fe y percibirlo como un Dios personal que es capaz de tener una relación personal con cada persona.

6. ¿Crees que las tres etapas básicas de la curiosidad (páginas 136–137) ofrecen una herramienta útil para aquellos que trabajan en la formación en la comunidad parroquial?

Sherry explica que, una vez que se ha establecido un puente de confianza, el papel del evangelizador es ayudar a la persona a llegar al siguiente umbral: la curiosidad sobre Jesucristo. Durante este umbral, las personas están abiertas a explorar la posibilidad de tener una relación personal con Dios.

"Los que no creen en Él ni en la posibilidad de una relación con ese Dios nunca serán capaces de ir más allá del umbral de la curiosidad" (página 136). Durante este tiempo, es importante permitir que las personas expresen su curiosidad. Este no es un umbral en el que enseñamos todos los dogmas de la Iglesia; más bien, es el momento en el que las invitamos a reflexionar sobre la pregunta: "¿Quién crees que es Jesús?"

NOTAS

Capítulo 7

EL TERCER UMBRAL: LA APERTURA

Al igual que se necesita la confianza para llegar a la curiosidad, la curiosidad es necesaria para llegar a la apertura. Sherry nos indica: "Sin embargo, llegar a este umbral es uno de los procesos más difíciles para la gente moderna porque requiere que estemos abiertos a la posibilidad de un cambio personal y espiritual" (página 149).

Llegar a este umbral no es lo mismo para todos. Para algunos, es probable que solo sea necesario asistir a un retiro realmente enfocado en la evangelización durante un fin de semana; pero otros pueden necesitar "tantear el terreno" por meses, incluso por años. Esta transición sucede sin muchas complicaciones para algunos cuantos, pero la mayoría de las personas se resisten a estar realmente abiertas al cambio. Aquellos que acompañan a alguien durante esta etapa deben ser muy pacientes. Desafortunadamente, cuando estamos ansiosos por compartir la Buena Nueva, no somos tan pacientes como deberíamos. Muchas veces, el evangelizador confunde la apertura inicial con el discipulado intencional. Esto puede crear un obstáculo mayor durante la transición hacia la apertura.

NOTAS

1. ¿Por qué es difícil el proceso de transición entre la curiosidad y la apertura?

2. ¿Qué tipo de situaciones o eventos preparan el camino hacia la apertura? ¿Por qué crees que estas situaciones o eventos desencadenan la apertura hacia el cambio?

3. ¿Cómo fomenta tu parroquia la apertura con aquellas personas que desean conocer más su fe?

4. ¿Cuáles son algunas maneras en las que tú (o tu parroquia) podrías fomentar la apertura con aquellos que han abandonado la Iglesia Católica o que están considerando hacerlo porque esta no satisface su hambre espiritual?

5. Piensa en las ocasiones en las que experimentaste la apertura durante tu camino en la fe. ¿Qué fue lo que desencadenó esta apertura? ¿Cuál fue la experiencia más valiosa que te ayudó a fomentar la apertura?

6. ¿De qué maneras has fomentado la apertura? ¿Cuál de ellas fue la más difícil?

Capítulo 8

LOS UMBRALES DE LA CONVERSIÓN: LA BÚSQUEDA Y EL DISCIPULADO

1. ¿Qué es lo que diferencia el umbral de la búsqueda de los umbrales anteriores?

2. ¿Cuál es la tarea principal de evangelizador (y el catequista) cuando alguien llega al umbral de la búsqueda?

3. ¿Cuál crees que es la conexión entre encontrarse en el umbral de la búsqueda y convertirse en un discípulo intencional?

4. ¿Cómo acompañarías a alguien que se encuentra en la etapa de búsqueda?

5. ¿Por qué crees que es importante hablar sobre el pecado personal con las personas que están en la etapa de búsqueda? ¿Cómo abordarías este tema? Piensa en tu camino de fe. ¿Qué es para ti el pecado personal?

6. Con frecuencia, el camino hacia el discipulado no se presenta claramente. De hecho, hay muchos líderes pastorales que todavía no son discípulos. ¿Esto afecta tu camino de fe? ¿Cómo tratarías a un líder pastoral que aún no es un discípulo?

Los últimos dos umbrales son un poco diferentes que los primeros tres. En ocasiones se les conoce como "La Zona". Sherry nos explica:

> Hemos descubierto que es útil considerar los umbrales de búsqueda y discipulado intencional de manera conjunta…Ambos umbrales son activos, a diferencia de los umbrales anteriores (confianza, curiosidad y apertura), que son pasivos (página 163).

Para entrar en el umbral de la "búsqueda", tiene que existir la certeza de que ES posible tener una relación personal con Dios. Aquellos que están en este umbral buscan a la persona de Jesucristo, pero todavía no son discípulos intencionales. Seriamente están considerando seguir a Jesús. Durante esta etapa, el evangelizador sigue siendo un modelo de lo que significa ser un discípulo y continúa proclamando el *kerigma*. Este es el umbral más adecuado para la catequesis.

NOTAS

Capítulo 9
ROMPER EL SILENCIO

No es posible encontrar la solución a un problema si primero no aceptamos que existe un problema. Una vez que esto sucede, debemos darle un nombre al problema. Es importante afrontar nuestra realidad. Se calcula que solo un 5% de los miembros de una parroquia son discípulos intencionales.

Sherry nos anima:

> Aunque no podemos hacer que alguien "eche las redes" así como un jardinero no puede hacer que una semilla germine, sí podemos trabajar intencional e inteligentemente para crear un ambiente que conduzca al crecimiento de la fe personal y el discipulado (página 178).

NOTAS

1. ¿Cuál es el problema que enfrentan nuestras parroquias, diócesis y nuestra Iglesia en general y que Sherry aborda en este capítulo? ¿Por qué existe esta problemática?

2. La mayoría de nuestros programas de formación guardan "silencio" en lo referente a un elemento fundamental del camino de la fe. ¿Cuál es ese elemento?

3. ¿Cuáles crees que son los objetivos de una "conversación sobre el umbral"?

4. Piensa en tu camino en la fe. ¿En algún momento alguien tuvo una "conversación sobre el umbral" contigo?

5. Ahora que entiendes lo que es una "conversación sobre el umbral", ¿cómo cambia la manera en la que "romperías el silencio"?

6. ¿Qué aspectos de las conversaciones sobre el umbral te parecen más difíciles? ¿Cuáles te resultan más naturales?

Capítulo 10
DECIR: LA GRAN HISTORIA DE LA SALVACIÓN

1. ¿Cuál es el verdadero propósito de la evangelización?

2. ¿Qué significado tiene para ti la siguiente declaración: "Los elementos que realmente despiertan la fe cristiana `no tratan propiamente sobre la Iglesia´"?

3. Piensa en tu propio camino en la fe. ¿Cuál fue la primera historia que escuchaste?

4. Si pudiéramos analizar honestamente nuestros programas de formación en la fe, ¿en qué crees que se basan: en las enseñanzas de la Iglesia o en la Historia de Jesús?

5. ¿Qué significado tiene para ti compartir la "Gran Historia de la Salvación"? ¿Qué significado tiene para nuestras prácticas pastorales?

6. ¿Qué elementos de la "Gran Historia de la Salvación en Nueve Actos" te ayudan en tu camino en la fe? ¿Se tiene que compartir la historia en este orden?

Es importante que aceptemos la triste realidad de que la mayoría de las personas NO han escuchado la gran historia de Jesús. Por lo tanto, como evangelizadores, debemos comprometernos a anunciar esta historia. En nuestro deseo de compartir nuestra propia experiencia, no podemos olvidar que lo más importante es la Gran Historia de la Salvación. Sherry nos recuerda: "Nuestro propio testimonio puede ayudar a ilustrar algunos aspectos de la historia de Jesús, *pero no puede sustituir la historia de Jesús*" (página 192).

La historia debe adaptarse según la persona con quien la compartimos. La historia no cambia, lo que cambia son las partes que compartimos, el orden en el que las mencionamos y el momento en el que lo hacemos. Los elementos que realmente despiertan la fe cristiana "no tratan propiamente *sobre* la Iglesia" (página 196). Sherry nos presenta un plan para compartir la historia de Jesús en nueve actos.

NOTAS

Capítulo 11

ENCONTRAR A JESÚS DE MANERA PERSONAL DENTRO DE SU IGLESIA

Una vez que se ha roto el silencio y se ha compartido la historia, el siguiente paso en el proceso de formación de discípulos intencionales es *"crear múltiples oportunidades para que la gente pueda encontrar a Jesús de manera personal dentro de su Iglesia"* (página 207).

Debemos comenzar con lo que ya tenemos. Nuestras parroquias y nuestras diócesis ya tienen establecidas muchas estructuras. Existen muchas oportunidades de formación en la fe para niños y para la preparación sacramental. Durante cada Misa, la homilía es una oportunidad valiosísima. Estas dos oportunidades deberían de ser analizadas y, con toda caridad cristiana, deberíamos cambiar lo necesario para poder transmitir exitosamente la historia. Luego, debemos pensar en lo que hace falta. Este no es un trabajo exclusivo para una o dos personas. Este es el apostolado de toda la parroquia, según los carismas que cada uno ha recibido.

NOTAS

1. ¿Qué es para ti un "carisma"? ¿Cuándo fue la primera vez que escuchaste a alguien hablar sobre los carismas?

2. ¿Cuáles son los carismas que crees haber recibido?

3. ¿Cómo puedes ayudar a otros a descubrir los dones que Dios les ha dado?

4. ¿Crees que hay algunos carismas que no son bien recibidos en muchas parroquias? ¿A qué crees que se deba esto?

5. ¿Cuáles son algunas de las estructuras que ya existen en tu parroquia y que podrían ofrecer oportunidades de evangelización? ¿Qué necesitaría cambiar para que estas estructuras sean realmente evangelizadoras?

6. Piensa en tu camino en la fe. ¿Qué oportunidades (en tu parroquia actual o en alguna otra parroquia) te han ayudado a encontrar a Jesús dentro de su Iglesia?